Cette histoire a d'abord été racontée au cinéma. Le film a été élaboré par un ensemble exceptionnel d'artistes, de techniciens, d'administrateurs, de producteurs, au sein de deux sociétés exemplaires, Nord-Ouest Production et Mac Guff Ligne. J'ai, pour les uns et les autres, une admiration et reconnaissance extrêmes. Une partie de leur travail apparaît ici, d'une manière moins fugace. Je nomme deux personnes qui participent à cette œuvre depuis le début et qui ont poursuivi le développement particulier que demandait l'édition, Anne-Lise Lourdelet-Kœhler, chef décoratrice, et Éric Serre, assistant-réalisateur. Je célèbre aussi des décorateurs dont un fragment de l'ouvrage peut être directement admiré sur les pages qui suivent, Xavier Riffault, Emmanuel Guille, Isabelle Ramnou, Denis Rousseau, Anne-Laure To, Thierry Ngo, Thierry Million, Christel Boyer, Samuel Daussy, Juliette Nardin.

Merci, avec sentiment, à chaque personne derrière ce conte de fées.

Enfin, grâce à ce livre, j'ai eu le privilège d'œuvrer avec l'équipe éditoriale et artistique de Nathan Jeunesse, Sophie Caron, Carole Coulon-Bourguignon, Eva Grynszpan, Dominique Korach, Jean-François Saada, Nicolas Vesin, auxquels j'exprime aussi ma reconnaissance.

Michel Ocelot

Textes de Michel Ocelot, illustrations d'après son film *Azur & Asmar*®,

Conforme à la loi n°49956 du 16 juillet 1949 sur les publications destinées à la jeunesse
ISBN 978-2-09-251293-7
N° éditeur : 10140507 - Dépôt légal : janvier 2007
Imprimé en France par Pollina (85) - n° L42311

MICHEL OCELOT

Azur & Asmar

Nathan

ENFANCE

Azur est blond aux yeux bleus, Asmar brun aux yeux noirs. La maman d'Asmar est aussi la nourrice d'Azur. Elle élève les deux garçons avec tendresse, elle leur apprend les deux langues qu'elle connaît, et des chansons, et des jeux, et des histoires, et les bonnes manières. Les bonnes manières, Azur et Asmar ne les pratiquent guère entre eux, ils sont toujours prêts à se battre comme des chiffonniers, ce qui ne les empêche pas de s'aimer comme des frères, et d'être heureux et libres dans une belle campagne, pleine d'arbres et de fleurs. L'histoire qu'ils préfèrent est celle de la Fée des Djinns : « De l'autre côté de la mer, dans le pays de la Fée des Djinns, il fait toujours soleil, partout des roses et du jasmin embaument. Les maisons sont blanches et bleues comme dans un rêve. Mais la Fée des Djinns est retenue

au loin dans une montagne noire. À l'intérieur il y a une Salle des Lumières, décorée de pierres précieuses. Et dans une cage de cristal est emprisonnée la Fée des Djinns, plus belle que tous les diamants. Un jour, un prince d'amour viendra, il trouvera les trois clés magiques, il vaincra le Lion Écarlate aux Griffes Bleues, il vaincra l'Oiseau Saïmourh aux ailes d'arc-en-ciel, il trouvera le passage secret dans la Falaise Noire… » Et la chanson qu'ils préfèrent, c'est la berceuse de la Fée des Djinns que leur chante la nourrice, et que deux petits êtres féeriques viennent leur murmurer pendant leur sommeil. L'un porte un turban, c'est un djinn, il chante en arabe, l'autre porte un chapeau, c'est un elfe, il chante en français.

Petit enfant deviendra grand,
il franchira les océans,
il sauvera la Fée des Djinns,
et tous les deux seront heureux.

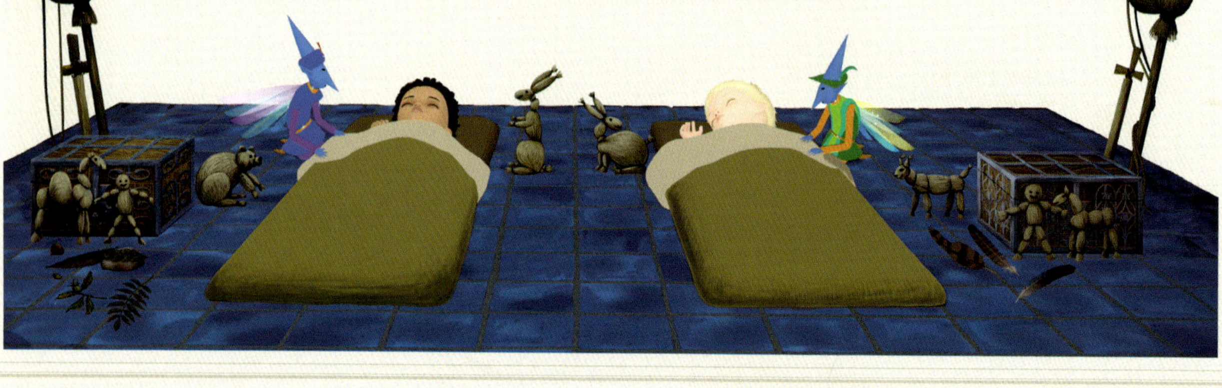

Le père d'Azur, châtelain sévère, décide un jour que son fils est trop grand pour vivre avec la nourrice et son enfant. Désormais, il dormira dans une immense chambre – il s'y sent terriblement seul. Asmar aussi, dans sa petite chambre. Azur sera richement habillé. Asmar, non. Et Azur prendra des leçons. Asmar n'y a pas droit. Mais il regarde et écoute et en apprend autant qu'Azur, tout en se moquant de lui pendant les leçons de danse.

Dès qu'Azur le peut, il rejoint Asmar dans l'arbre où on est tellement mieux et où on peut discuter énergiquement, se faire dégringoler de branche en branche, jusqu'à tomber dans une meule et se pousser et se culbuter dans le foin… Asmar se moque moins d'Azur pendant les leçons d'équitation, car il a peur pour lui quand il tombe de l'énorme cheval. De retour à l'écurie, ils recommencent leurs disputes. Asmar dit que dans son pays c'est mieux qu'ici, Azur lui rétorque qu'il ne sait pas : il n'y est jamais allé ; que de toute façon, son pays, c'est ici : il y est né. Et chacun veut être celui qui ira de l'autre côté de la mer, délivrer et épouser la Fée des Djinns.

Cette vie heureuse prend fin d'un seul coup. Azur et Asmar se battaient de bon cœur dans le fumier, près du cheval. Pour la dernière fois, le père d'Azur les sépare. Il envoie son fils étudier en ville. Une voiture l'emporte

au loin, sans lui laisser le temps de se laver ni de dire au revoir à sa nourrice et au compagnon de son enfance. Puis le châtelain chasse la nourrice et son enfant, sans pitié, les exposant à tous les dangers.

L'AUTRE PAYS

Le temps a passé. Mais Azur n'a jamais oublié Asmar et sa nourrice ni l'histoire de la Fée des Djinns, dans le beau pays plein de roses, de jasmin et de soleil, de l'autre côté de la mer. Et à vingt ans, cette mer, il la traverse, à la rencontre de ses rêves.

Il aborde sur une côte aux rochers sombres. Quand il approche et souhaite le bonjour dans son arabe maladroit, les gens s'enfuient en criant. Il arrive auprès d'une pauvre famille. Azur cette fois se tait pour ne pas faire d'erreur. Un petit enfant le voit, lui sourit et vient vers lui. La mère de l'enfant se précipite et l'emporte en hurlant. On lance des pierres à Azur, et tous s'enfuient, sauf un vieillard infirme. Azur obtient de lui l'explication : les gens pensent que ses yeux bleus portent malheur, qu'il est maudit.

Alors Azur décide de fermer à jamais les yeux : les gens ne sauront plus qu'il a les yeux bleus, et il ne verra plus un monde où tout est laid.
Azur, pauvre aveugle, rencontre un autre vagabond, appelé Crapoux, qui vient du même pays que lui et qui lui propose un marché : Azur le portera sur ses épaules, car l'homme prétend qu'il a du mal à marcher, en échange, Crapoux le guidera et parlera pour lui, car lui connaît bien la langue de ce pays. Ils mendieront ensemble à la ville.
Azur est heureux de cette compagnie. Au milieu d'arbres et de fleurs, qu'hélas il ne peut voir, il passe à côté d'une « Chapelle de Clé Chaude », comme dans les histoires de sa nourrice. Et il trouve la clé magique que personne n'avait trouvée. Étant aveugle, il a tâté le mur avec la main. Il a senti qu'un des carreaux était chaud. Il l'a enlevé, et a trouvé dans une niche un petit soleil d'or tout chaud.

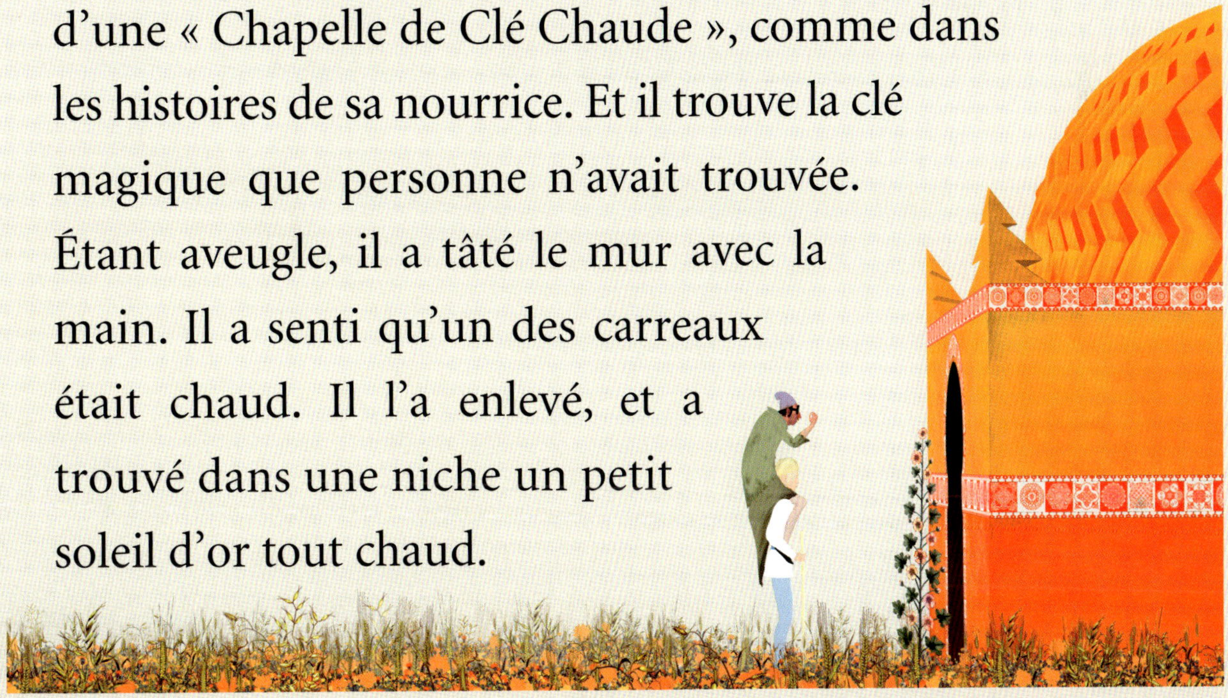

Ils arrivent à la ville, pleine de merveilles qu'Azur ne peut admirer. Crapoux dit pourtant du mal de tout ce qu'on voit. Il mendie. Azur bute contre les choses et les gens, se fait insulter, s'excuse, se salit, peine sous le poids de Crapoux. Soudain, il entend une voix qu'il connaît, celle de sa nourrice !

« Impossible, dit Crapoux, c'est la veuve Jénane, la plus riche marchande de la ville ! » Azur tambourine contre une grande porte bleue, crie : « Nourrice, nourrice, ouvre-moi, je suis Azur ! » Un attroupement se forme. Crapoux, effrayé par le scandale en pleine rue, s'enfuit. Et la porte s'ouvre.

La nourrice est bien là, méconnaissable, magnifiquement vêtue. Elle refuse de reconnaître en cet aveugle sale l'enfant blond qu'elle a aimé. Alors Azur rouvre ses yeux bleus pour elle, et lui chante la berceuse de son enfance. Bouleversée, elle le reconnaît enfin et l'accueille comme son fils. Et c'est le bonheur. Dans un jardin qui embaume, elle lui fait servir un repas savoureux, au son d'une délicieuse musique. Et pour que la fête soit complète, voici Asmar, devenu un superbe cavalier. Mais il rejette Azur, comme s'il était responsable de leurs souffrances de l'autre côté de la mer et s'en va. La nourrice Jénane est désolée. Azur et Asmar veulent tous deux partir délivrer la Fée des Djinns – cela n'a pas changé. Et Jénane va les aider tous les deux également. Il faut d'abord réunir renseignements et objets magiques.

Ils vont trouver le Sage Yadoa, qui leur explique par où passer et quels écueils éviter. Grâce à Jénane, Azur rencontre la mystérieuse Princesse Chamsous-Sabah, enfermée dans son palais. C'est une fillette ! Elle admire les yeux d'Azur, et lui confie une fiole de Brouillard d'Invisibilité, un bonbon Langue des Fauves et une Plume Irisée de Saïmourh.

Azur a accepté d'accompagner en secret la princesse pour découvrir la ville à minuit. Elle s'est déguisée en pauvresse, elle se glisse par une petite fenêtre au-dessus d'une fontaine. Et en compagnie du grand frère qu'elle s'est choisi, elle découvre des choses simples, comme aller où on veut, et les rues, la terre, un chat, un arbre, dans lequel ils grimpent. Ils admirent la belle cité, le palais, la mosquée, l'église et la synagogue. De leur perchoir ils aperçoivent aussi un méchant marchand et ses hommes,

qui préparent un guet-apens, pour tuer Azur et Asmar et prendre leur place. Une exclamation de la princesse les fait découvrir, et ils doivent fuir à toutes jambes, poursuivis par les hommes de main. Heureusement Jénane veille, leur ouvre sa porte à temps et la verrouille vite. Ils sont sauvés.

LA QUÊTE

Au petit jour, Azur et Asmar quittent ensemble la ville. La troupe du marchand les suit à distance. Alors, Azur et Asmar débouchent leur flacon de Brouillard d'Invisibilité. Une vapeur bleue les efface. Invisibles, ils font demi-tour, pendant que l'autre caravane continue dans la mauvaise direction. Au pied des montagnes, Azur et Asmar se séparent.

Des cris retentissent : Asmar est attaqué par des pillards. Crapoux se réjouit : ça fera un concurrent de moins… Ah non !! Azur fonce dans la bataille et fait fuir les assaillants. Mais il est blessé. Asmar, qui n'avait jamais eu un geste pour lui depuis leurs retrouvailles, le soigne, sans dire un mot. Et chacun reprend son chemin. Quand le rugissement du Lion Écarlate retentit, Crapoux s'enfuit. Azur fait face, et grâce au bonbon Langue des Fauves, il rugit et parle au Lion, et obtient qu'il l'amène sur son dos jusqu'à la Falaise Noire. Azur y trouve une faille, débouche dans un immense espace, et découvre Asmar prisonnier de chasseurs d'esclaves.

Azur est vite cerné par les malfaiteurs qui veulent le tuer, à cause de ses yeux bleus. Jusqu'ici, Asmar n'a parlé à Azur qu'en arabe. Cette fois, dans la langue de son enfance, pour que les malfaiteurs ne comprennent pas, il révèle à Azur un passage secret. Azur s'échappe. Les bandits, furieux, poignardent Asmar, et l'abandonnent. Azur revient silencieusement, charge Asmar mourant sur ses épaules. Les chasseurs d'esclaves, qui guettaient, reviennent en hurlant, mais Azur

disparaît à temps dans le passage secret. Là, il panse tant bien que mal les blessures d'Asmar, le reprend sur ses épaules et progresse vers la Fée.

Grâce aux clés magiques trouvées par Azur et Asmar, ils franchissent trois portes. Azur hésite devant le dernier passage, les Portes Pareilles. Il prend à gauche. Tout est perdu, il est parvenu à la Grotte des Ténèbres. Mais une voix pure retentit : « Tu as gagné. »

Un chant magnifique s'élève, et des milliers de flambeaux s'allument, portés par des djinns, et au milieu de la Salle des Lumières resplendit la Fée des Djinns, dans une cage de cristal, qui se défait en une myriade d'étoiles.

Asmar est guéri par un djinn-médecin. Mais lui et Azur ont tous deux été héroïques et ont tous deux rejoint la Fée en même temps. Lequel a gagné ? La Fée ne sait les départager. Elle fait venir tour à tour Jénane, la princesse Chamsous-Sabah, le Sage Yadoa, et enfin Crapoux, mais aucun ne sait les départager.

Alors la Fée des Djinns appelle sa cousine, la Fée des Elfes.

Elle non plus ne sait départager les deux héros et propose de faire d'abord connaissance. Toute la compagnie se met à danser aimablement, tandis que les djinns font tomber une pluie d'étoiles. Quand la danse se termine, le brun Asmar est avec la blonde Fée des Elfes, le blond Azur est avec la brune Fée des Djinns, leur bonheur est complet, et Jénane, Chamsous-Sabah, Yadoa et Crapoux se réjouissent avec eux.